COLLECTIONS DE FEU M. LE CAPITAINE DE VAISSEAU
LE BOURGUIGNON-DUPERRÉ, etc.

ANTIQUITÉS

GRECQUES, ÉGYPTIENNES, PÉRUVIENNES, etc.

MONNAIES ET MÉDAILLES GRECQUES ROMAINES, FRANÇAISES ET ÉTRANGÈRES

JETONS

VENTE AUX ENCHÈRES PUBLIQUES
HÔTEL DES COMMISSAIRES-PRISEURS, 9, RUE DROUOT,
Salle n° 8, au 1er étage,
le vendredi 16 et le samedi 17 juin 1905.
A 2 heures précises

EXPOSITION UNE HEURE AVANT LA VENTE
EXPOSITION PARTICULIÈRE LE JEUDI 15 JUIN DE 2 à 5 HEURES
CHEZ L'EXPERT.

Commissaire-priseur :	*Expert :*
Me MAURICE DELESTRE	M. J. FLORANGE
RUE SAINT-GEORGES, 5	QUAI MALAQUAIS, 21

PARIS

CONDITIONS DE LA VENTE

La vente sera faite au comptant.

Les adjudicataires payeront, en sus des enchères, dix pour cent.

L'exposition mettant les acheteurs à même de juger de l'état des pièces, aucune réclamation ne sera admise aussitôt l'adjudication prononcée.

M. J. Florange se charge des commissions qui lui seront confiées aux conditions habituelles (5 0/0 sur la limite).

Il se réserve le droit de diviser ou de réunir les lots.

AVIS IMPORTANT

Nos catalogues de ventes publiques sont envoyés à toute personne en manifestant le désir, mais le service régulier n'en sera assuré qu'à MM. les Amateurs qui nous feront parvenir leurs ordres. Nous prions donc tous ceux qui se servent d'intermédiaires de nous faire connaître leurs noms.

Toute demande de renseignements relatifs aux ventes doit être accompagnée d'un timbre pour la réponse.

Collection de Feu M. le Capitaine de vaisseau
LE BOURGUIGNON-DUPERRÉ

ANTIQUITÉS

MONNAIES GRECQUES

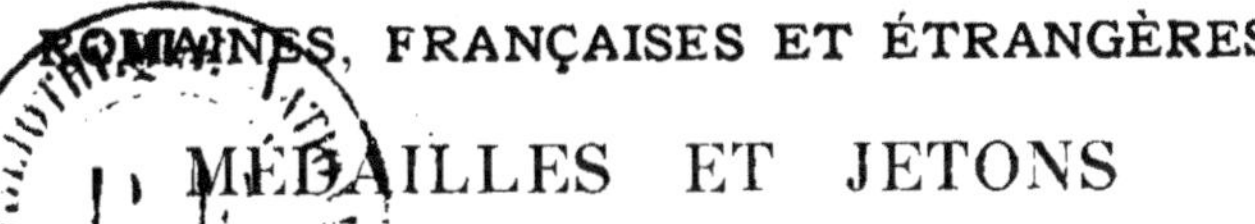

ROMAINES, FRANÇAISES ET ÉTRANGÈRES

MÉDAILLES ET JETONS

ANTIQUITÉS

1 Argos, Athènes, Corinthe et Laurium. Coupes, flacons, lampes, fragments de statuettes. Terre cuite.

2 Lemnos, Lesbos et Milo. Statuettes et fragments de statuettes (têtes et buste de femme), vases ornés, etc.

3 **Eolide.** Myrrhina. Statuettes et fragments en terre cuite.

4 — Smyrne. Fragments de statuettes en terre cuite.

5 **Phénicie.** Sidon, Marathus et Tyr. Cruches, flacons, lampes et ustensiles. Terre cuite, verre, albâtre et bronze.

6 **Phrygie**. Laodicée. Poteries diverses en terre cuite.

7 **Cyrénaïque**. Statuettes, fragments, lampes et poteries diverses en terre cuite.

8 Alexandrie. Lampes et flacons. Terre cuite et verre.

9 Égypte. Amulettes-divinités. Statuettes diverses en terre émaillée et en pierre.

10 — Masque de momie posé sur un piédestal. Bois colorié. Hauteur : 52 cent.

11 — Épervier au repos, les ailes repliées. Granit. Hauteur : 34 cent.

12 — Stelle funéraire en pierre. Haut. : 32 cent.

13 — Flacons en verre, cruches et objets divers.

14 Cylindre en terre cuite, bas-reliefs en plomb, etc.

15 Sept têtes, torse et petit bas-relief étrusques. Terre cuite.

16 Têtes de femme en pierre dont l'une casquée. Travail romain.

17 Pérou. Cruches à formes humaines, à forme d'animaux (rat rongeant du maïs, canard, lama), etc. Ces poteries des Incas ont été recueillies dans des tombeaux au cours d'une exploration effectuée vers 1868.

MONNAIES GRECQUES ET ROMAINES

18 Thrace. Monnaies variées. Arg. et cuivre.

19 Macédoine. Monnaies variées. Arg. et cuiv.

20 Thessalie, Attique, etc. Monnaies variées. Arg. et cuiv.

21 Mysie. **Parium**. Cistophore. Arg. TB.

22 — **Pergame**. Marc Antoine. Tête et ciste entre deux serpents. Arg. B.

23 Troas. **Ilium**. Tête de Minerve à dr. ℟. Minerve deb. à dr. Arg. Pièce fortement ébréchée.

24 Éolide. Monnaies variées. Cuiv.

25 — **Myrrhina**. Tête d'Apollon à dr. ℟. Femme march. à dr. tenant un rameau et une patère. Arg. B.

26 Lesbos. Monnaies variées. Arg. et cuiv. B.

27 Ionie. Monnaies variées. Cuiv.

28 **Iles de Chios et de Samos**. Arg. et cuiv.

29 Carie. **Cnide, Cos, Rhode**, etc. Arg. et cuiv.

30 Pamphylie. **Aspendus**. Deux éphèbes luttant. ℟. Frondeur march. à dr., devant une triquètre. Arg. TB.

31 Pisidie, Cilicie, etc. Arg. et cuiv.

32 Syrie. Monnaies variées. Arg. et cuiv. B.

33 — **Antioche ad Orontem**. Arg. et cuiv.
34 — **Laodicée**. Monnaies variées. Cuiv.
35 Phénicie. **Aradus, Berythe, Sidon**, etc. Arg. et cuiv.
36 — **Aradus**. Tête de Jupiter. ℟. Mer et navire. Arg. B.
37 — **Tyr**. Tétradrachmes (3 p.), etc. Arg. et cuiv. B.
38 Judée. Monnaies variées. Cuiv.
39 Égypte. Monnaies variées. Arg. et cuiv.
40 — **Alexandrie**. Monnaies variées. Potin et cuiv.
41 — **Cyrène**. Cavalier à dr. ℟. Silphium. Or. TB.

---

42 République romaine. Neuf deniers. B.
43 Octave-Auguste, Tibère, etc. Arg. et br.
44 Claude à Nerva. Arg. et br.
45 Trajan, Adrien, etc. Arg. et br.
46 Antonin le Pieux à L. Vérus. Arg. et br.
47 Commode à Trébonien Galle. Arg. et br.
48 Valérien père à Maximien Hercule. Bill. et cuiv.
49 Constance Chlore à Julien l'Apostat. Br.
50 Valentinien I à Arcadius. Br.
51 Valentinien I. Sou d'or (Coh. 25). B.
52 Théodose I. Sou d'or (Coh. 7). TB.
53 Anastase à Maurice-Tibère, etc. Br.
54 Phocas. Sou d'or (Sab. 27). B.
55 Héraclius et Héraclius Constantin. Sou d'or (Sab. 18). TB.
56 Héraclius, Héraclius-Constantin et Héracléonas. Sou d'or (Sab. 6). B.
57 Michel VII Ducas. Sou d'or concave (Sab. 2). TB.

FRANCE

58 Gaule. Atrebates. Statère d'or. — Marseille. Br. 2 p. B.
59 Philippe VI à François Ier. Gros tournois, teston, etc. Arg. et billon.
60 Henri II et Charles IX. Testons et divisions. Arg. et cuiv.

61 Henri III à Henri IV. Franc, testons, etc. Arg et cuiv.
62 Louis XIII. Louis d'or à la mèche longue, 1641. TB.
63 Louis XIII et Louis XIV. Demi-écus et divisions. Arg. et cuiv.
64 Louis XV et Louis XVI. Écus et divisions. Arg. et cuiv.
65 République. Écus et divisions. Arg. et cuiv.
66 Napoléon Ier à nos jours. Pièce de 10 livres de l'Ile de France et Bonaparte, 1810, etc. Arg. et cuiv.
67 Navarre. Deux testons var. B.
68 Provence. Robert d'Anjou, etc. Carlins, etc. — 4 p. B.
69 — René et Charles. Blanc à la couronne et denier. AB.
70 Orange. Philippe-Guill. de Nassau. Teston, 1607 (P. d'A. 4579). TB. *Rare.*
71 Dombes, Lorraine, etc. Arg. et cuiv.
72 Louis XVI et Bonaparte. Méd. variées. Arg. et br.
73 Napoléon Ier. Petite méd. relative à son mariage, 1810. Or 15 mm. TB.
74 — Naissance du roi du Rome, 1811. Petite méd. Or. 15 mm. TB.
75 Napoléon Ier au Second Empire. Méd. diverses. Arg. et br.
76 Jetons variés. Arg. et cuiv.

PAYS ÉTRANGERS

77 Allemagne. Monnaies variées. Arg. et cuiv.
78 — Bavière, Brunswick, etc. Arg. et cuiv.
79 — Évêchés et villes. Or, arg. et cuiv.
80 Angleterre. Monnaies, médailles et token. Arg. et cuiv. Lot à diviser.
81 Danemark, Suède et Norvège. Arg. et cuiv.
82 Espagne et Grèce. Monnaies variées. Arg. et cuiv.
83 Italie. Or, arg. et cuiv. Lot à diviser.
84 Pays-Bas (Belgique et Hollande). Or, arg. et cuiv.
85 Portugal et Brésil. Arg. et cuiv.

86 Russie, Roumanie, Serbie et Bulgarie. Arg. et cuiv.
87 Suisse. Monnaies variées. Arg., bill. et cuiv.
88 Orient latin. Besant d'or frappé par les croisés à Saint-Jean d'Acre. (Schlumb. V. 27). B.
89 — Antioche, Tripoli, Achaïe, etc. Arg. et bill.
90 — Tripoli. Bohémond IV. Gros d'arg. TB.
91 — Bohémond VII. Gros et demi-gros d'argent. — 4 p. B.
92 — Chypre. Hugues IV et Pierre Ier. Gros d'argent, etc. — 3 p. B. et AB.
93 Empire ottoman. Or, arg. et cuiv.
94 Indes anglaises, françaises, etc. Or, arg. et cuiv.
95 Siam, Cambodge, etc. Monnaies en porcelaine, en verre, en arg. et en cuiv.
96 Chine. Monnaies en arg. et cuiv.
97 États-Unis d'Amérique. Monnaies et token variés. Arg. et cuiv.
98 Canada, Nouvelle-Écosse, etc. Cuiv.
99 Mexique, Haïti, Venezuela, Équateur, etc. Arg. et cuiv.
99 *bis*. Médaillier en noyer blanc. 52 tiroirs avec cartons. Haut. : 1 m. 25 ; larg. : 69 cent. ; prof. 43 cent.

AUTRE COLLECTION

Médailles françaises et étrangères

100 Charles IX, Henri IV, Louis XIII, etc. Méd. variées. Arg. et br.
100 *bis*. Louis XIV. La paix de l'Église gallicane. 1669. Coin de Mauger. Arg. 41 mm. TB.
101 — Méd. en buste du duc de Marlborough. Défaite des armées franç. et bavaroises sous Tallard à Hoechstædt, 1704 (Van. Loon. Éd. fr., t. IV, p. 429, VII). Arg. 37 mm. Tranche inscrite. TB.
102 — Victoire remportée par Marlborough dans les Pays-Bas. 1706 (V. Loon, t. V, p. 33. V). Étain, 37 mm. Tranche inscrite. B.

103 — Méd. aux bustes de Marlborough et du prince Eugène de Savoie. Défaite des Français à Malplaquet, 1709 (V. Loon t. V, p. 145, IV). Arg. 44 mm. TB. *Rare.*

104 — Méd. au buste du roi Charles III d'Espagne. Défaite des Français en Catalogne et en Aragon, 1710 (V. Loon V, p. 159. II). Arg. 45 mm. Tranche inscrite. TB.

105 Louis XV. Douze médailles variées. Arg. et br.

106 Louis XVI. Dix médailles variées. Arg. et br.

107 — Prix de l'arquebuse d'Étampes. 2 var. 40 et 33 mm. Br. Refrappe. TB.

108 — Liberté américaine, 1781. Br. 48 mm. B.

109 1789 Bailly, maire de Paris (*Trésor*. 9. 1. — Henn. 37). Br. 41 mm. TB.

110 — Le roi à l'Hôtel de ville de Paris (*Tr*. 9. 6). Br. 41 mm. Refrappe. FDC.

111 — Necker, ministre des finances (*Tr*. 10. 3 et 12. 1). Br. 42 mm. et étain 77 mm. — 2 p.

112 — L'Assemblée nationale. Abandon de tous les privilèges (*Tr*. 12. 2). Br. 64 mm. TB.

113 — Arrivée du roi à Paris (*Tr*. 12. 4). Br. troué, 53 mm. B.

114 1790. Hommage de la garde nat. de Versailles. Épreuve de l'avers (*Tr*. 18. 3). Étain. 53 mm. TB.

115 — Fédération de Lyon (*Tr*. 19.6). Cuiv. octog. 36 mm. B.

116 — Confédération à Lille (*Tr*. 20. 5). Br. doré à bélière. 26 mm. TB.

117 — Fédération générale à Paris (*Tr*. 23. 7. — H. 142). Br. doré à bélière. 35 mm. — 2 p. TB.

118 — Autre variété (*Tr*. 26. 5 var. — H. 169). Br. ovale et doré, à bélière. 19 × 22 mm. TB.

119 — Méd. aux bustes du roi et de Palloy. Fer. 38 mm. B.

120 1792. Combat des Tuileries (*Tr*. 36. 4). Br. 56 mm. TB.

121 — Autre variété (*Tr*. 36. 5). Br. Refrappe 42 mm. FDC.

121 *bis*. École de dessin (*Tr*. 39. 3 var. et 6). Cuiv. 33 mm. — 2 p. B.

122 1793. Mort du roi. Coin de Loos (*Tr.* 41. 3 var.). Arg. 30 mm. TB.

123 — Mort du roi. Autre pièce (*Tr.* — — H. 475). Arg. 25 mm. TB.

124 — Mort du roi. Méd. de Caqué, 1822. Br. 51 mm. FDC.

125 — Mort de Bailly, maire de Paris (*Tr.* 47. 3 var. — H. 551 var.). Br. 42 mm. Refrappe. FDC.

126 — Lepelletier, Marat, Châlier, Barra et Viala, victimes de la liberté (*Tr.* 49. 2. — H. 582). Pièce ovale. 45 × 38 mm. TB.

127 — Mort de Lepelletier. Repoussé de Liénard. Cuiv. argenté. 49 mm. TB.

128 1794. Beauharnais, général en chef de l'armée du Rhin (Tr. 53. 5). Br. Refrappe. 32 mm. FDC.

129 — Méd. posthume rappelant la mort du roi, de la reine et de Marie-Élisabeth. Coin de Barre. Br. 41 mm. FDC.

130 1795. Chute du parti de Robespierre. Cliché uniface de Palloy (H. 669). Cuiv. repoussé. 56 mm. TB.

131 — Conseil des Cinq cents (*Tr.* 57. 2 var. — H. 681 var.). Br. Refrappe. 41 mm. FDC.

132 1796. Calendrier (H. 753). Br. Refrappe. 46 mm. FDC.

133 — Passage du Pô, de l'Adda et du Mincio (*Tr.* 60. 5). Br. Copie. 43 mm. FDC.

134 1797. Reddition de Mantoue (*Tr.* 63. 2. — H. 783). Br. 43 mm. Tranche à légende en relief. TB.

135 — Passage du Tagliamento (*Tr.* 63. 3. — H. 786). Br. 43 mm. Tranche à légende en relief. TB.

136 — La République à ses défenseurs. Épreuve du revers (*Tr.* 64. 7). Étain 74 mm. TB.

137 — Paix de Campo-Formio. Épreuve de l'avers (*Tr.* 65. 7). Br. 40 mm. TB.

137 *bis*. — Paix de Campo-Formio. Buste de Bonaparte à dr. R'. Bonaparte à cheval (*Tr.* 65. 9). Br. 56 mm. TB.

138 — Fête de la souveraineté du peuple à Gênes (Mill. 23. 146). Br. Copie. 50 mm. FDC.

139 — Un bouton « Liberta Genovese ». Cuiv. 24 mm. AB.
140 — La Ligurie reconnaissante. Buste de Bonaparte à g. ℞. Buste de Faipoult à g. (*Tr.* 63. 6). Br. 50 mm. FDC.
141 — Confédération de la République Cisalpine (*Tr.* 64. 1). Br. Copie. 48 mm. FDC.
142 — Société philotechnique (*Tr.* 67. 3). Arg. 30 mm. TB. **Jeton donné en 1832 au compositeur de musique Panseron.**
143 1798. Conseil des Anciens. Jolie méd. (*Tr.* 68. 2 — H. 845). Br. doré. 51 mm. FDC.
144 — Conseil des Cinq-Cents (*Tr.* 68. 3. — H. 846). Br. argenté. 51 mm. TB.
145 1799. Mariage de Madame avec le duc d'Angoulême à Mittau. Épreuve du revers. Étain. 50 mm. TB.
146 — Premier anniversaire de la fondation de la République romaine. Deux épreuves (*Tr.* 71. 1. — H. 881). Br. 41 mm. FDC.
147 — Autre variété. Br. Copie. 38 mm. FDC.
148 — Anniversaire de la prise de la Bastille célébré à Nimes. Épreuve de l'avers (*Tr.* 74. 1). Br. 52 mm. TB.
149 — Lebrun, 3e consul. Méd. de Liénard (*Tr.* 74. 11). Br. Refrappe. 32 mm. FDC.
150 — Mort de Marmontel. Méd. posthume de Petit. Br. 41 mm. TB.
151 1800. Passage du Saint-Bernard et bataille de Marengo. (*Tr.* 76. 9). Br. 41 mm. FDC.
152 — Bataille de Marengo (*Tr.* 77. 1). Br. 50 mm. FDC.
153 — Mort de Desaix à Marengo. Méd. de Liénard (*Tr.* 77. 10). Br. Refrappe. 32 mm. FDC.
154 — Mort de Kléber. Méd. de Liénard (*Tr.* 77. 13). Br. Refrappe. 32 mm. TB.
155 — Rétablissement de la place Bellecour à Lyon (*Tr.* 78. 4). Br. 2 épreuves. 45 mm. FDC.
156 — Colonne nationale de la place Vendôme (Tr. 78. 6). Br. 42 mm. FDC.
157 — Colonne départementale de Seine-et-Marne (*Tr.* 79 1). Br. 42 mm. FDC.

158 — Translation du corps de Turenne aux Invalides (*Tr.* 79. 6). Br. 50 mm. TB.

159 — Attentat à la vie de Bonaparte (*Tr.* 80.2). Br. 50 mm. TB.

160 1801. Paix de Lunéville. Méd. d'Andrieu (*Tr.* 82. 4). Br. 42 mm. TB.

161 — — Épreuves variées (*Tr.* 82. 11 et 83. 3 et 9). Br. 39 et 32 mm. FDC.

162 — — Méd. de Loos (*Tr.* 83. 11). Br. Copie. 35 mm. FDC.

163 — — Méd. de Loos (*Tr.* 82. 7). Br. Copie. 36 mm. FDC.

164 — Colonne nationale à Gênes (Mill. 147). Br. Copie. 37 mm. FDC.

165 — Construction du pont de Dourdan (*Tr.* 85. 8). Br. Refrappe. 42 mm. FDC.

166 — Préliminaires de la paix d'Amiens (*Tr.* 87. 3). Br. Copie. 38 mm. FDC.

166 *bis*. Préliminaires de la paix d'Amiens et dévouement de quelques citoyens lyonnais (*Tr.* 87. 7). Br. Copie 49 mm. FBC.

167 — — Autre variété (*Tr.* 87. 8). Br. Copie. 49 mm. FDC.

168 1802. Consulte italienne à Lyon. Épreuve de l'avers (*Tr* 89 . 3) Br. 47 mm. FDC.

169 — Traité d'Amiens. Méd. au buste du marquis de Cornwallis (*Tr.* 90. 3). Br. Copie. 38 mm. FDC.

170 — — Méd. augsbourgeoise (*Tr.* 90. 5). Br. Copie. 32 mm. FDC.

171 — Le Concordat. Rétablissement du culte (*Tr.* 90. 6). Br. 50 mm. FDC.

172 — Organisation de l'Instruction publique (*Tr.* 90. 7). Br. 40 mm. TB.

173 — Promulgation du traité d'Amiens. Méd. aux bustes des trois consuls (*Tr.* 90. 9). Br. 68 mm. FDC.

174 — Bonaparte, 1er consul à vie (*Tr.* 91. 3 et 4). Br. Refrappe et étain. 31 et 25 mm. FDC. et B.

175 — Méd. rappelant la paix de Lunéville et la reconnaissance de la Suisse (*Tr.* 91. 5). Br. Copie. 48 mm. FDC.

176 — Colonne Napoléon à Marseille (*Tr.* 92. 4). Br. Copie 43 mm. FDC.

177 — Préfecture de police (*Tr.* 92. 13). Br. 30 mm. FDC.

178 — Agents de commerce de Paris (*Tr.* 93. 6). Arg. octog. 34 mm. TB.

179 1803. Grand conseil du canton de Vaud (*Tr.* 94. 5). Étain bronzé. 46 mm. B.

180 — Négociations précédant la rupture du traité d'Amiens (*Tr.* 95. 8). Br. 44 mm. FDC.

181 — Accession du canton du Tessin à la Confédération helvétique (Mill. 413). Br. Copie. 36 mm. FDC.

182 — Jeton posthume de Barre rappelant la période de 1789 à 1804. Br. refrappe. 32 mm. FDC.

183 1804. Code civil (*Tr.* 2. 9). Br. 42 mm. FDC.

184 — Légion d'honneur (*Tr.* 1. 5). Br. 40 mm. FDC.

185 — Couronnement de Napoléon. Avers de Droz (*Tr.* 3. 1 var.). Arg. 40 mm. TB.

186 — — Autre variété (*Tr.* 3. 1). Br. 41 mm. TB.

187 — — Petite médaille (*Tr.* 3. 4) et 2 jetons variés. Arg. et laiton. B.

188 — Fêtes du couronnement (*Tr.* 4. 8). Br. 68 mm. FDC.

189 — Autre variété (*Tr.* 4. 10). Arg. 35 mm. TB.

190 — La vaccine. Épreuve du revers (*Tr.* 5. 4). Étain 40 mm. TB.

191 — Collège britannique. Jeton de Gatteaux (*Tr.* 6. 1). Arg. 32 mm. TB.

192 — La Monnaie rétablie (*Tr.* 6. 7). Br. 40 mm. FDC.

193 — Pie VII à Paris (*Tr.* 3. 16). Étain ovale. AB.

194 — Méd. minuscule. Buste de Pie VII à dr. R'. Les deux clefs en sautoir. Br. 8 mm. TB.

195 — Hommage de la Dalmatie. Br. 65 mm. TB.

196 1805. Couronnement de Napoléon à Milan (*Tr.* 7. 7). Br. doré. 42 mm. TB.

197 — Autre variété (*Tr.* 7. 8). Br. 41 mm. TB.

198 — Arrivée de Napoléon à Gênes (*Tr.* 8. 6). Br. 50 mm. TB.

199 — Levée du camp de Boulogne et passage du Rhin. Deux épreuves (*Tr.* 8. 13). Br. 40 mm. TB.

200 — L'Académie de Lucques (*Tr.* 11. 2). Br. Copie. 46 mm. FDC.

201 — Mort de Klopstock. Méd. posthume de Caqué. Br. 41 mm. TB.

202 1806. Prix de l'Académie de Vérone (*Tr.* 17. 16). Br. Copie. 44 mm. FDC.

203 — Asile des pauvres à Gênes (*Tr.* 15. 13). Br. Copie 41 mm. FDC.

204 — Prix de l'Institut royal d'Italie (*Tr.* 17. 12). Br. Copie. 45 mm. FDC.

205 1807. Entrevue à Tilsitt (*Tr.* 19. 14). Br. coulé. 42 mm. TB.

206 — Napoléon à Dresde. Médaille de Hoeckner (*Tr.* 21. 3). Arg. 40 mm. FDC.

207 — Paix et commerce (*Tr.* 22. 6). Br. 32 mm. FDC.

208 — Cliché de Liénard au buste du roi de Prusse (*Tr.* 24. 5 var.). Cuiv. 50 mm. TB.

209 — Cliché de Liénard au buste du card. Maury (*Tr.* 24. 7). Étain. 44 mm. TB.

210 1808. Prise de Capri (*Tr.* 27. 1). Br. 59 mm. B.

211 — Congrès d'Erfurt (*Tr.* 27. 2 et 3). Br. Copie. 2 var. 42 mm. FDC.

212 — Guillotin, président de l'Académie de médecine de Paris. Buste et inscription (*Tr.* 29. 22). Br. 28 mm. TB.

213 1809. Élisa Bonaparte, grande duchesse de Toscane, et son mari le prince de Lucques et de Piombino (*Tr.* 31. 3). Br. Copie. 41 mm. FDC.

214 — Joachim Napoléon, roi des Deux-Siciles. Épreuve de l'avers (*Tr.* 31. 6). Br. 38 mm. FDC.

215 — Napoléon coiffé de la couronne de fer. Épreuve de l'avers (*Tr.* 32. 15). Br. 42 mm. FDC.

216 — Guillotin. Avers du n° 212. R'. L'Hygiée assise (*Tr.* 35. 7). Br. 28 mm. FDC.

217 — Prix du lycée de Novare. Épreuve du revers (*Tr.* 35. 11). Étain. 45 mm. TB.

218 — Cliché de Liénard au buste du Grand Condé. 2 var. en cuiv. repoussé. FDC.

219 — Cliché de Liénard au buste de Buffon. Étain. 50 mm. TB.

220 1810. Mariage de Napoléon Ier à Vienne. Épreuve de l'avers (*Tr.* 38. 3). Br. 48 mm. FDC.

221 — Mariage de Napoléon Ier à Vienne. Jeton viennois (*Tr.* 38.4). Br. Copie. 30 mm. FDC.

222 — Arrivée de Marie-Louise à Strasbourg (*Tr.* 38. 10). Arg. 32 mm. et méd. à la cathédrale de Strasbourg. Étain, 55 mm. — 2 p. TB.

223 — Mariage à Paris (*Tr.* 39. 2). Br. 41 mm. TB.

224 — Même méd. plus petite (*Tr.* 39. 4). Br. 33 mm. FDC.

225 — Même méd. minuscule (*Tr.* 39. 7). Arg. 9 mm. TB.

226 — Autre méd. minuscule. Br. 7 1/2 mm. TB.

227 — Autre méd. minuscule Br. 5 mm. TB.

228 — Vœux de la ville de Lyon à l'occasion du mariage. Épreuve du revers (*Tr.* 39. 9). Br. 48 mm. FDC.

229 — Son mariage à Milan (*Tr.* 39. 10). Br. Refrappe. 42 mm. FDC.

230 — Méd. de prix donnée tous les dix ans. Épreuve du revers (*Tr.* 45. 1). Br. 67 mm. FDC.

231 — Guillotin. Avers du n° 212. ℞. Inscription (*Tr.* 47. 5). Br. 28 mm. FDC.

232 — Jeton au chiffre de Marron, président du Consistoire protestant à Paris et chev. de la Légion d'honneur (*Tr.* 46. 7). Br. octog. FDC.

233 1811. Naissance du roi de Rome (*Tr.* 49. 4, 7 var et 8). Br. 41, 15 et 18 mm. — 3 p. FDC et TB.

234 1812. Prix de l'Institut salésien (*Tr.* 53. 1). Br. Copie. 28 mm. FDC.

235 — Guillotin. Avers du n° 212. ℞. Inscription (*Tr.* 54. 11). Br. 28 mm. FDC.

236 — Prud'homme pêcheur (*Tr.* 55. 4). Br. 30 mm. FDC.

237 — Jeton au buste de Wellington rappelant ses victoires en Espagne. Arg. et cuiv. 28 mm. — 3 p. TB. et B.

238 — Tables de jeu du palais imp. (*Tr.* 55. 7). Br. doré. 35 mm. FDC.

239 1813. L'impératrice à la Monnaie des Médailles (*Tr.* 58. 1). Étain, 23 mm. TB.

240 — Approvisionnement de Paris. Bois flotté. Jeton de Droz (*Tr.* 58. 7). Arg. octog. 33 mm. TB.

241 1814. Méd. de Webb au buste de Charlotte-Auguste d'Angleterre. Br. 51 mm. TB.

242 — L'empereur d'Autriche à la Monnaie de Paris. Br. 40 mm. TB.

243 — L'empereur de Russie à Paris. Br. 41 mm. TB.

244 — Jetons aux bustes de Blücher, de Wellington et du duc de York. Cuiv. — 3 p. B.

245 1815. Débarquement de Napoléon au golfe Juan (*Tr.* 64. 2). Br. 26 mm. FDC.

246 — Champ de mai (*Tr.* 65. 6). Br. 13 mm. FDC.

247 — Waterloo. Méd. de Rogat (*Tr.* 65. 8). Br. 41 mm. FDC.

248 — Waterloo. « Le courage malheureux. » Cuiv. repoussé. 70 mm. B.

249 — Méd.-boîte au buste de Wellington renfermant des rondelles en carton rappelant ses victoires. Br. 47 mm. TB.

250 — Paix de Paris. Méd. minuscule au buste du roi de Prusse. Br. 7 mm. TB.

251 — — Méd. minuscule au buste de l'empereur d'Autriche. Br. 7 mm. TB.

252 — — Médaille minuscule au buste de l'empereur de Russie. Br. 7 mm. TB.

253 — L'empereur s'embarque à Rochefort (*Tr.* 67. 1). Br. 27 mm. FDC.

254 — Mort du maréchal Brune à Avignon. Méd. de Caunois. Br. 41 mm. TB.

255 — Campagne de 1815. Thaler du grand-duché de Saxe. TB.

256 Mort de Napoléon, 1821. Méd. anglaise. Étain. 51 mm. TB.

257 — Méd. de Caqué, 1834. Br. 51 mm. FDC.

258 Hoche, Leuchtenberg, Ctesse de Genlis, etc. Br. — 8 p. TB.

259 Arc de Triomphe, 1836. Méd. Arg. et br. — 6 p. TB.

260 Translation des cendres de Napoléon Ier, 1840, colonne de la Grande armée. Br. et étain. — 11 p. TB.

261 Louis XVIII. Buste de Henri IV et l'ordre royal de la Légion d'honneur. Coin de Droz. Br. 40 mm. TB.

262 — Buste du roi et l'ordre du lis. Br. 40 mm. TB. — Ministère de l'Intérieur. Joli cliché de Galle. Étain.

263 — Méd. diverses en arg. et en br.

264 — Jubilé de la réformation à Strasbourg, 1817. — 3 petites méd. en arg. TB.

265 — Méd. relatives au duc de Berry, etc. Br.

266 — Mort du prince de Condé, 1818. Galerie de la Fidélité. Br. 51 mm. TB.

267 — Mort de Carron, 1821. Galerie de la Fidélité. Br. 51 mm. TB.

268 — Hommes illustres de la Galerie métallique et de la série numismatique. Br. 41 mm. — 40 p. TB.

269 Charles X. Sacre à Reims, etc. Br. et étain. — 19 p.

270 — Méd. aux bustes de la duchesse de Berry, de La Rochefoucauld, de la Ville-sur-Illon, du pasteur Oberlin, du Br. poète Picard, de Lally-Tollendal, etc. Br. et étain.

271 Louis Philippe. Méd. au buste de Lafayette distribuées aux différentes légions de la garde nationale de Paris, 16 mm. 16 pièces variées FDC.

272 — Méd. diverses de 1830 (Bourmont, Gohier, etc). Br. et étain.

273 — Distribution des drapeaux à la garde nationale, l'héroïque Pologne ; mariage du roi des Belges, etc. Br. FDC.

274 — Méd. décernée à Navcteux (Achille) pour son zèle et dévouement dans plusieurs incendies, 1831. Coin de Petit. Br. 28 mm. FDC.

275 — Méd. de dévouement décernée par le ministre de la Guerre, 1842. Arg. 37 mm. B.

276 — Méd. diverses en br. FDC. et TB.

277 — Méd. représentant des membres de la famille royale Br. et étain. TB.

278 — Méd. représentant ou rappelant les personnages : Barré, le musicien populaire Bocquillon dit Wilhem, le vicomte de Bonald, le docteur Bouillaud, Boulay de la Meurthe, l'ex-député Cabet, de Dijon, le sculpteur Cortot, le député Casimir Périer, Courvoisier, le m^{al} c^{te} de Lobau, Mathieu de Dombasle, l'architecte Percier, Reboul, de Nîmes, Rieussec, le député Salverte, etc. Br. FDC. ou TB.

279 République de 1848. Méd. variées en cuiv., br. et étain.

280 — Méd. aux bustes de Bixio, de Ledru-Rollin, du député Raspail. Br. TB.

281 — Méd. de 1re classe décernée à Th. Rousseau, peintre-paysagiste, au Salon de 1849. Br. 57 mm. TB.

282 — L.-Nap. Bonaparte. Méd. variées. Br. FDC.

282 *bis* — Bon de Vincent, préfet du Rhône. 2 décembre, 1851. Mid. de Schmitt. Br 36 mm. TB.

283 Napoléon III. Méd. décernée à la sœur Mélanie. Choléra de 1854. Br. 57 mm. FDC.

283 *bis* — Chemin de fer de Paris en Espagne par Orléans, Tours, Bordeaux et Bayonne, 1855. Avers de Bovy. Revers d'Oudiné. Br. 78 mm. *T. B.*

284 — Traité de commerce avec l'Angleterre, 1860. Br. 57 mm. FDC.

285 — Inauguration de l'École de Nancy, 1865. Grande méd. de Caqué. Br. 82 mm. FDC.

286 — Lot de méd. diverses en bronze et en étain.

287 — Méd. représentant le graveur Barre, le général Castellane, gouverneur de Lyon, l'académicien baron Dupin (de la Nièvre), le professeur Hardy (cours d'arboriculture du jardin du Luxembourg), le général La Moricière (de Nantes), l'astronome Mathieu (de Mâcon), le professeur Pelouze, Prost, le vicomte de Rouville, etc. Br. FDC.

287 *bis* — Esquirou de Parieu, ancien ministre, président du

Conseil général du Cantal, etc. Méd. de Borrel, 1868. Br. 68 mm. TB.

288 République. Thiers, président. Méd. d'Oudiné. Br. 52 mm. FDC.

289 — Le même. Méd. d'Oudiné. Br. en deux épreuves. 69 mm. FDC.

290 — Carnot, président. Méd. d'A. Dubois. Br. 68 mm. FDC.

291 — Méd. de Borel, Roty, etc. Br. et cuiv.

292 — Les Forges de la Gaudinière (Sarthe), 1889. Br. jaune. 44 mm. TB.

293 — Bertrand, membre de l'Académie franç., secrétaire perpétuel de l'Académie des sciences. Méd. de Chaplain, 1894. Br. 68 mm. FDC.

294 — Centième anniversaire de la réunion libre et volontaire de Mulhouse à la France. Méd. de Vernon, 1898. Br. 68 mm. FDC.

---

295 Allemagne. Lot de médailles. Arg., br. et étain. TB.

296 Angleterre. Lot de médailles. Arg. br. et étain. TB.

297 Belgique. Lot de médailles. Br. TB.

298 Espagne et Grèce. Médailles variées. Arg. et br. TB.

299 Italie. Médailles variées. Br.

300 — Fondation du nouvel hôpital italien à Lima (Pérou). Br. 37 mm. TB.

301 Pologne. Méd. variées. Arg. et br. *Voyez aussi nos 147 à 151.*

301 *bis* — Cachets assyriens en cornaline, jaspe, agathe et verre, bagues anciennes en cuivre et plomb de pèlerinages français (Boulogne etc.).

MÉDAILLES ET JETONS DES PROVINCES[1]

Normandie.

302 Joyeuse (Anne, duc de), amiral, gouverneur de Normandie, 1585. Laiton. — 2 p.

303 Montmorency-Luxembourg, gouverneur de Normandie, présenté par le Corps de ville de Rouen, 1709. Arg. TB.

304 Le même. Buste de Louis XIV. ℟. Minerve deb. s'appuyant sur les armes du gouverneur. Arg. TB.

305 Le même. Armes de Rouen. ℟. précédent. Arg. TB.

306 Le même présenté par les ajusteurs et monnoyeurs de Rouen, 1711. Cuiv. AB. Très rare.

307 Chambre des Comptes, s. d., 1583, 1603. Laiton. 5 p. B.

308 Domaines. Faucon de Ris, 1er président au parlement de Rouen. Arg. TB.

309 Rouen. Ville, 1571, 1574, 1581, 1602, etc. Laiton. AB. et B.

310 — 1605. Henri IV galopant à dr. Arg. TB.

311 — 1689. Tournesol et inscription, Arg. B.

312 — 1693. L'agneau sur un autel entouré de brebis. ℟ Louis XIV sur son trône recevant l'agneau couché sur l'autel. Arg. B. *Rare.*

313 — Sans date (Louis XV). Coin de Roettiers. Arg. TB.

314 — Autre variété de Roettiers. Arg. TB.

315 — — de Duvivier. Arg. TB.

316 — — de Roettiers. Arg. FDC.

317 — — de Marteau. Arg. TB.

318 — — — — TB.

319 — — — — TB.

320 — — — — TB.

321 — — non signée (Duvivier) Arg. TB.

322 — Autre variété du jeton précédent. Arg. TB.

1. Toutes les pièces qui suivent sont des jetons, sauf indication contraire.

323 — Le Couteulx, maire, 1764. Arg. TB.
324 — Bigot de Sommesnil, maire, 1779. Arg. octogone. TB.
325 — Paix de 1661. Cuiv. 3 var. B.
326 — Généralité. 1660. Cuiv. rouge et jaune. — 2. p. B.
327 — — 1787. Villedeuil, intendant. Cuiv. Refrappe. FDC.
328 — Monnoyeurs, 1719. Arg. B.
329 — — s. d. (Louis XV). Coin de Marteau. Arg. TB.
330 — Monnoyeurs, s. d. (Louis XV). Autre var. de Marteau. Arg. TB.
331 — Monnoyeurs, s. d. (Louis XV). Autre var. de Marteau Arg. TB.
332 — Monnoyeurs. Coin de Roettiers fils. Arg. TB.
333 — Monnoyeurs. Autre var. du précédent. Arg. TB.
334 — Procureurs, 1789. Arg. TB.
335 — 1789. Cuiv. B.
336 — Académie, 1723. Coin de Roettiers. Cuiv. FDC.
337 — — 1726. Coin de Marteau. Arg. TB.
338 — — 1776. Coin de Duvivier. Arg. TB.
339 — Académie des sciences, lettres et arts, s. d. Coin de Roettiers fils. Arg. TB.
340 — Académie des sciences, lettres et arts. Autre variété de Duvivier. Cuiv. jaune. B.
341 — Académie des sciences, lettres et arts, s. d. (Louis XVI). Coin de Droz. Arg. TB.
342 — Académie des sciences, lettres et arts, s. d. (Napoléon I). Coin d'Andrieu. Arg. TB.
343 — Prieur et juges consuls (Louis XVI). Coin de Duvivier. Arg. TB.
344 — Chambre de commerce, 1703. Arg. TB.
345 — — — 1712. Arg. TB.
346 — — — 1781. Méd. Br. 42 mm. TB.
347 — La réunion des marchands, 1750. Coin de Marteau. Arg. TB.
348 — Chambre des assurances, 1712. Coin de Duvivier. Arg. FDC.

349 — Marchands passementiers, 1731. Coin de Marteau. Arg. B.

350 — Marchands passementiers. Autre variété. Coin de Roettiers fils. Arg. TB.

351 — Confrérie de St Romain. Cuiv. B.

352 — Confrérie du St-Sacrement, 1710. (Gaz. num. 1898 nº 413.) Arg. TB.

353 — Loge des arts réunis, 1808, Br. Refrappe. TB.

354 — Loge de la parfaite égalité. Arg. TB.

355 — Loge de la sincère amitié, 1822, etc. Cuiv. — 6 p. B.

356 Voyage de la duchesse de Berry à Rouen, au Hâvre et à Dieppe, 1824. Petite méd. Arg. 19 mm. TB.

357 Inauguration du chemin de fer de Paris à Rouen. Méd. de Borrel, au buste du duc de Nemours. Br. 26 mm. FDC.

358 Prix offert au nom du dépt par le préfet de la Seine-Infre. Méd. signée par Lecomte, Rouen, 1871, et ornée des écussons des villes de Rouen, du Havre. Dieppe, etc. Étain. 51 mm. TB.

359 Bayeux. Bouton du district. Cuiv. B.

360 Dieppe. Municipalité, 1762. Coin de Roettiers. Arg. TB.

361 — Méd. au nom du maire Leclerc-Lefebure, 1862. Br. 50 mm. TB.

362 Elbeuf. Manufacture sous Louis XV. Coin de Duvivier. Arg. B.

363 La Chapelle-du-Bourgay, district de Dieppe. Cachet de la Révolution. Cuiv. Pièce abîmée.

364 Le Hâvre. 3 jetons maçonniques. Br. TB.

365 La Meilleraye (Jean de Moy, seigr de la), vice-amiral, lieutt au bailliage de Caux, 1578. Laiton. AB. Rare.

366 Martel et Lutolphy-Marony. Jeton s. d. (Louis XIII). Cuiv.

367 Lot de monnaies et de médailles relatives à la Normandie.

Ile-de-France, Orléanais, etc.

368 Château de Versailles, 1680. Méd. de Mauger. Br. 41 mm. TB.

369 Chapelle de Versailles. Jeton des bâtiments du roi, 1708. Cuiv. AB.

370 Écuries du roi. Louis XV. Coin de Leblanc. Arg. TB.

371 Paix de Versailles. Méd. de 1763. Arg. 42 mm. B.

372 Maison philanthropique de Versailles, 1786. Arg. TB.

373 Marchands merciers-drapiers sous Louis XVI. Coin de Duvivier. Cuiv. jaune. TB.

374 Garde nationale du dép[t] de Seine-et-Oise, 1830. Petite méd. au buste de Louis-Philippe. Br. 14 mm. Bélière enlevée. FDC.

375 Musée historique de Versailles, 1837 et 1848, etc. Méd. et jetons. Étain, bronze et cuivre. — 9 p. TB.

376 Le duc de Berry et la duchesse d'Angoulême, tous deux nés à Versailles. 2 méd. variées. Arg. et étain bronzé. 24 et 40 mm. B.

377 Andilly. Garde nationale, 1832. Méd. de Lacoste. Br. 27 mm. FDC.

378 Marly. Vue du Jardin. Jeton des bâtiments du roi, 1701. Arg. TB.

379 — Menus-plaisirs, 1750. Grand jeton à l'abreuvoir. Arg. 34 mm. TB.

380 Trianon. Jeton, 1680. Cuiv. B.

381 Mantes 1597. Laiton. AB.

382 Chartres, 1689, et s. d. (Louis XVI). Cuiv. et arg. 2 p. B.

383 Javercy (Coltainville). 2 jetons variés et un coin en acier de la famille Félibien. — 3 p. B.

384 Renée de France, duchesse de Ferrare et de Chartres, comtesse de Gisors, dame de Montargis. Laiton. B. *Rare.*

385 Orléans et Montargis. Cuiv. et plomb. — 10 p. B.

386 Briare (Canal). Méreau pour les ouvriers, 1606. Laiton. *Rare.*

Touraine et Anjou.

387 Tours. Maires Cuiv. — 14 p. B.

388 — Cop de Pocé, 1765. Arg. TB.

389 — Benoist de la Grandière, 1785. Arg. TB.
390 Angers. Chambre des comptes sous François Ier (Planchenault 89). Laiton. B. *Très rare.*
391 — Maires. 7 jetons variés. Cuiv. B.
392 — Raymbauld, maire, 1701. Arg. TB.
393 — Poullain, maire, 1707. Arg. TB.
394 — Municipalité, s. d. et 1702. Arg. — 2 p. TB.
395 — Municipalité, s. d. (Louis XV). Coin de Duvivier. Arg. TB.
396 — Municipalité. Buste du duc d'Anjou. Arg. et épreuves en étain du revers. — 2 p. FDC.

Bretagne, Aunis et Guyenne.

397 États, s. d. Jeton à l'hermine. Arg. B.
398 — 1717, 1722 et 1724. Arg. — 3 p. TB.
399 — 1740, 1744 et 1748. Arg. — 3 p. TB.
400 — 1754, 1756 et 1760. Arg. — 3 p. TB.
401 — 1762, 1764 et 1768. Arg. — 3 p. TB.
402 — 1778 et 1784. Arg. — 2 p. TB.
403 Notaires de Nantes sous Louis XVI. Arg. TB.
404 Rennes. Municipalité, s. d. Arg. TB.
405 La Rochelle. Juges et consuls, 1776. Arg. TB.
406 — Chambre de commerce, s. d. (Louis XV) et 1771. Jeton et méd. Arg. et cuiv. — 2 p. TB.
407 — 2 jetons relatifs à la prise de la ville, 1627 et 1628. Laiton. B.
408 Niort. Armes de la ville R'. Armes de France. Petit jeton Cuiv. B. *Rare et curieux.*
409 Saintes. P.-L. de La Rochefoucauld-Bayers, évêque et président de l'administration du collège royal, 1786. Arg. octog. B.
410 Guyenne. Tête couronnée de face. R'. Les trois léopards. Laiton. B.
411 — Autre variété. Laiton. — 5 p. B.
412 Bordeaux. Municipalité sous Louis XV. Coin de Marteau. Arg. TB.

413 — Mariage de Louis XIII, 1615. Laiton. 4 var. B.
414 — Académie des sciences et arts sous Louis XVI. Arg. FDC.
415 — Commerce. Jeton de la 1re République. Cuiv. B.
416 — Pièces diverses. Cuiv.

Languedoc, Auvergne, Berry, etc.

417 États de Languedoc. Cuiv. 7 var. B.
418 Assemblées des notables de 1787 (Dillon, archevêque de Narbonne, et de Loménie, archevêque de Toulouse). Grand jeton. Arg. TB.
419 Méd. et jetons divers. Cuiv. B.
420 Clermont, Rodez, Riom, etc. 6 jetons variés. Cuiv. B.
421 Aurillac, Montaigut, Montmorillon, Orgival, etc. Méd. religieuses. Cuiv. — 5 p. TB.
422 Bourges. 9 jetons variés. Cuiv. B.
423 — Garde nationale du dépt du Cher. Petite méd. au buste de Louis-Philippe, 1830. Br. 14 mm. Bélière enlevée. FDC.
424 Blois, Nevers, etc. Jetons et méd. variés. B.

Lyonnais, Dauphiné, etc.

425 Pomey, 1661, Aumaistre et Cachet, 1705. Cuiv. — 3 p. B.
426 Fournel, Ravat, etc. Cuiv. — Bl. Denis de Cuzieu, 1736. Épreuve unif. du revers. Étain. — 16 p. B.
427 Avoués. Coin de Mercié. Arg. TB.
428 Académie des sciences, lettres et arts, 1700. Arg. TB.
429 Société médicale. Coin de Barre. Arg. 30 mm. TB.
430 Villeroy, gouv. du Lyonnais. Arg. TB. *Rare.*
431 Card. de Richelieu, archevêque de Lyon, 1635. Cuiv. B.
432 Baglion (Mr François de), comte de Lasalle, prévôt des marchands de Lyon. Médaillon uniface de Bidau. 1658. Br. jaune. 102 mm. TB.

433 Louis XIV. Méd. signée M. F. et dédiée à Nicolas et à Camille de Neufville, 1660. Br. à bélière. 70 mm. B.
434 Brisson, inspecteur des ponts et chaussés. Méd. de Domard, 1828. Br. 52 mm. FDC.
435 Méd. diverses. Bronze.
436 Compagnie des bateaux à vapeur du Rhône, 1830 et 1844. Arg. et cuiv. 2 p. octog. TB.
437 Monnaies diverses frappées à Lyon. Arg. et cuivre.
437 *bis*. Tir de Mâcon, 1903. Jolie méd. de Frainier. Arg. 40 mm. FDC. Avec écrin.
438 Méd. et jetons relatifs à la Savoie et au Dauphiné.
439 Méd. au St Bruno et au bienheureux Albergati, évêque de Bologne. Cuiv. 34 mm. B.

Bourgogne, Champagne, Lorraine, etc.

440 États. Jetons variés. Cuivre. TB.
441 Dijon, Maires. Jetons variés. Cuiv.
442 — Garde nationale, 1830. Méd. au buste du général Lafayette. Br. 28 mm. FDC.
443 Besançon. Garde nationale, 1830. Méd. au buste de Louis-Philippe. Br. 14 mm. Bélière enlevée. FDC.
444 Château-Thierry, Meaux et Reims. Jetons et médailles. Arg. cuiv. et étain.
445 Sedan. Plomb de la manufacture royale des draps de Sedan (Van Robais). 44 mm. B.
446 Bar-le-Duc (Cours industriels), Ligny (1848), Nancy, etc. Cuiv.
447 Stanislas Leszczynski. Hommage des Lorrains et Barrisiens, 1737. Méd. de Duvivier. Arg. 32 mm. TB.
448 — Jeton du cabinet du roi de Pologne. Ses armes. R Vue du château de Chanteheux, près Lunéville. Jeton gravé par Nicole, de Nancy. Cuiv. TB. et *très rare*.
449 — Statue de Louis XV érigée par le roi Stanislas, 1755. Pièce gravée par Nicole. 2 clichés en étain réunis. 32 mm. B.

450 — Soc. des sciences et belles-lettres de Nancy, 1753. Jeton de Roettiers. Cuiv. 34 mm. B.
451 — Même jeton gravé par Borrel. Arg. 33 mm. FDC.
452 Mathieu de Dombasle. 4 méd. variées dans le module. Br. argenté. TB.
453 Alsace. Jetons et méd. cuiv. et étain.
454 Strasbourg. Garde nationale, 1830. Méd. au buste de Lafayette. Br. 28 mm. FDC.
455 Amiens. Lot de jetons et plombs.
456 Lille. Méd. de 1818. Cuiv. et étain.
457 Dunkerque. Garde nationale, 1830. Méd. au buste de Lafayette. Br. 28 mm. FDC.
458 Monnaies grecques en argent. B.
458 *bis* Monnaies romaines en argent. B.
458 *ter* Lot de monnaies romaines. Cuiv.
459 Lot de monnaies françaises et étrangères. Arg. et cuiv.
460 Lot de jetons et de médailles diverses. Arg. et bronze.
461 Bonneville. Encyclopédie monétaire. Paris, 1851. In-fol. cartonné.
462 Lot de brochures numismatiques et de cartons à médailles.

AUTRE COLLECTION

Antiquités grecques et égyptiennes, objets arabes, etc.

463 Déesse en terre cuite montée sur un socle en marbre blanc. Haut. 16 cent.
464 Tête de Jupiter en granit provenant de l'Acropole, et montée sur un socle couvert de velours rouge. Haut. 10 cent.
465 Masque en terre cuite appliqué sur un socle recouvert de velours bleu. 9 cent.
466 Statuette en silex sur un socle en bois. Haut. 9 cent.
467 Buste de Bacchus en terre sur un socle recouvert de velours bleu. Haut. 11 cent.

468 Tête de Diogène en marbre blanc, sur un socle en bois. Haut. 10 cent.

469 Tête de hyène en silex, sur un socle en bois. Haut. 10 cent.

470 Tête de Minerve en terre cuite, sur socle en bois. Haut. 13 cent.

471 Deux têtes en pierre provenant de l'Acropole, et montées sur socle en marbre blanc. Haut. 12 et 10 cent.

472 Tête de femme en marbre blanc, sur socle en bois. Haut. 7 cent.

473 Tête d'homme en pierre, sur socle en bois. Haut. 9 cent.

474 Deux têtes de femme en marbre blanc, sur socle en bois. Haut. 9 et 6 cent.

475 Tête de femme en terre cuite, sur socle en bois. Haut. 5 cent.

476 Tête de Diogène en pierre, sur socle en bois. Haut. 4 cent.

477 Vases grecques de formes diverses, et décorés de personnages, d'animaux et d'autres sujets.

478 Groupe de deux femmes. Tanagra. Haut. 15 cent.

479 Femme assise allaitant son enfant. Tanagra. Haut. 11 cent.

480 Femme assise et génie ailé. Tanagra. Haut. 8 cent. 1/2.

481 Statuettes polychromes. Tanagra. 4 pièces variées. Haut. 18 à 13 cent.

482 Femme accroupie. Tanagra. Haut. 11 cent.

483 Femmes debout, coiffées et drapées. Tanagra. 2 pièces variées. Haut. 16 et 14 centim.

484 Dieu égyptien. Terre rouge. Haut. 16 cent.

485 Trois lampes égyptiennes. Terre cuite.

486 Buste de femme. Granit rouge monté sur socle en bois. Haut. 10 cent.

487 Dix scarabées variés, dont un monté en broche.

488 Une paire de boucles d'oreille. Pierres bleues avec croissant.

489 Trois momies montées sur socles garnis de velours rouge.

490 Momie en terre, et deux momies en faïence grise.

491 Huit momies en faïence bleue.

492 Sept momies en faïence bleuâtre.
493 Deux poignards égyptiens à lame damasquinée.
494 Poignard égyptien à lame damasquinée.
495 Poignard arabe. Manche en bois et gaine en cuiv.
496 Poignard corse. Manche en bois noir sculpté.
497 Couteau à lame damasquinée. Manche en agathe et fourreau garni de velours bleu.
498 Couteau avec fourreau garni de velours vert.
499 Deux poignards soudanais. Manches et fourreaux garnis de coquillages.

Médailles modernes russes, etc.[1]

500 Alexandre III et sa femme, 1883. 65 mm. FDC.
501 Les mêmes. Pièce plus petite. 51 mm. FDC.
502 La ville de Paris aux officiers de l'escadre russe, 1893. Coin de Chaplain. 50 mm. FDC.
503 Nicolas II et sa femme. Cérémonie du couronnement, 1894. 71 mm. FDC.
504 Félix Faure. Son élection, 1895. Coin de Fouchet. Br. doré. 41 mm. FDC.
505 Même événement. Méd. de Chaplain, 1897. 72 mm. FDC.
506 — Autre variété de Chaplain, 1897. 68 mm. FDC.
507 Nicolas II et sa femme à Copenhague, 1896. 64 mm. FDC.
508 Débarquement à Cherbourg, 1896. Coin de Vernon. 70 mm. FDC.
509 Nicolas II et Alexandre III, 1898. 61 mm. FDC.
510 Alexandre II. Méd. 1898. Br. doré. 34 mm. FDC.
511 Pose de la 1re pierre du pont Alexandre III, 1900. 70 mm. FDC.

1. Toutes ces médailles sont en bronze argenté, sauf indication contraire, et renfermées chacune dans un écrin.

512 La reine Wilhelmine et le prince consort. Leur mariage, 1901. Méd. de Pander. 50 mm. FDC.
513 Nicolas II et Pierre le Grand, 1903. 64 mm. FDC.
514 Nicolas II, sa femme et Alexandre III, 1903. 64 mm. FDC.

MACON, PROTAT FRÈRES, IMPRIMEURS

MACON, PROTAT FRÈRES, IMPRIMEURS

www.ingramcontent.com/pod-product-compliance
Ingram Content Group UK Ltd.
Pitfield, Milton Keynes, MK11 3LW, UK
UKHW020220180726
13838UKWH00005B/2112